ÉDITIONS SAINT-SÉBASTIEN

-2016-

LE PÉCHÉ ORIGINEL

PAR

LE R^{me} PÈRE EMMANUEL

Prix : 0 fr. 50 centimes

TROYES

IMPRIMERIE GUSTAVE FRÉMONT, RUE URBAIN IV, 85

1911

LE PÉCHÉ ORIGINEL

Nihil obstat,

Imprimatur,

Trecis die 25 Septembris 1911.

E. Massé,
v. g.

LE PÉCHÉ ORIGINEL

PETITE INTRODUCTION

Le NATURALISME est la grande hérésie du temps présent. Nous l'avons combattue, et la combattrons sans trêve, sans relâche, sans merci. Elle est la négation complète de tout le christianisme, de tout ce que nous croyons, de tout ce que nous espérons, de tout ce que nous aimons.

Et comme il n'est rien que le naturalisme contemporain attaque comme le péché originel, nous nous proposons de donner un traité du péché originel.

Nous tenons à dire à nos lecteurs que nous ne leur donnerons pas des *vérités diminuées*. Nous dirons le vrai sans faiblir, et sans en rien gazer. Diminuer les vérités sous prétexte de les rendre plus facilement acceptables, nous paraît simplement une trahison : que Dieu nous préserve d'un pareil malheur !

CHAPITRE PREMIER

Traces de la connaissance du péché originel chez les Hindous, les Perses, les Assyriens, les Egyptiens, les Chinois, les Américains, les Grecs et les Romains ; chez les Juifs et chez les Musulmans.

Nous connaissons une famille, — nous dirons son nom, — une famille dont le père faillit misérablement ; il perdit tout ce qu'il pouvait perdre, même l'honneur : *Cum in honore esset, non intellexit.* (Ps. XLVIII, 13.)

La faute du chef de la famille devint l'héritage de ses enfants : ils en étaient singulièrement appauvris, ils en avaient *honte.*

Ils ne pouvaient se voir les uns les autres. Que dis-je ? Ils ne pouvaient se voir eux-mêmes sans rougir.

Les plus grands de la famille savaient : ils savaient la cause du déshonneur, et de l'indigence, et de la honte : les plus petits ne savaient guère la cause de leur disgrâce, mais ils soupçonnaient que quelque grand malheur était survenu, car ils en portaient la honte. Si les premiers avaient la connaissance et l'intelligence de la situation, les autres en avaient au moins le sentiment, et ce sentiment était la honte.

Expliquons la parabole : la famille, c'est notre famille, c'est le genre humain tout entier. Adam, notre père, commit une faute, une faute énorme, une faute immense : il perdit ses biens, qui devaient être nos biens, et nous laissa sa honte devenue notre honte.

Les plus grands de la famille, ce sont ceux que Dieu a faits tels en leur rendant une partie des biens perdus à l'origine, ceux à qui Dieu a redonné la foi.

Les plus petits sont ceux qui sont demeurés ce que les a faits le malheur originel.

Les premiers lisent, dans leur foi, dans la foi que Dieu leur a donnée, redonnée, l'histoire complète de la famille, son bonheur premier, sa grande fortune à l'origine, puis la chute, et les suites de la chute. Ils savent.

Les autres, qui n'ont pas la foi, n'en ont pas moins à porter les conséquences de la chute, ils en ont le sentiment, ils en ont la honte, et encore qu'ils ne sachent pas clairement les choses, ils ont conservé néanmoins certains souvenirs, certaines réminiscences de l'histoire de la famille.

Nous nous proposons de recueillir ces souvenirs, et ils nous serviront comme d'un premier jet de lumière, d'une introduction à la connaissance pleine et entière du péché originel, comme elle se trouve par la grâce de Dieu dans les hommes qui ont la foi.

Ayant à faire connaissance avec les déshérités de la famille, nous commençons par les Hindous.

Les Hindous, comme le prouvent leurs livres les plus anciens, considéraient la condition primitive de l'humanité comme un état de bonheur et d'immortalité. Yama, le premier homme, cédant aux sollicitations de sa sœur Yami, commit une faute qui le jeta lui et l'humanité entière dans les liens et dans les souillures.

La grande faute avait été conseillée par des êtres supérieurs, supraterrestres, aussi bien que par Yami.

Dans une de leurs hymnes, ils disent : « Nous essayons par nos sacrifices d'obtenir l'immortalité, qui a échappé à Yama. »

Les anciens Perses avaient des connaissances très précieuses sur l'unité de Dieu, la Sainte Trinité, le Sauveur futur. Ils avaient aussi la connaissance du paradis terrestre, qu'ils nommaient « un lieu de nature agréable où tout pourtant n'était pas joie. » En ce lieu Dieu avait fait pousser beaucoup d'arbres utiles, salutaires, au milieu desquels se trouvait l'arbre de la vie. Là était l'homme appelé Yama, le premier homme, disent-ils, que Dieu ait appelé à s'entretenir avec lui.

Mais *le plus méchant des esprits*, *le serpent*, *le menteur*, *le trompeur des mortels*, fit tomber Yama dans la désobéissance, et ensuite dans la mort. La prérogative de l'immortalité fut perdue pour lui et pour toute l'humanité.

Les Babyloniens et les Assyriens avaient aussi la connaissance de la chute, même de la chute des anges, qu'ils appelaient *la révolution des anges*.

Selon les plus anciens de leurs monuments, ils savaient que l'homme avait été créé dans un état parfait, jouissant de la société de Dieu, mais le dragon Tiamat porta l'homme au péché : Dieu apprit cela, et devint colère, parce que *son homme avait corrompu sa pureté*. L'homme fut puni de la mort, et par le péché tous les maux ont fait irruption sur l'homme.

On a trouvé tout dernièrement un dessin de la plus haute antiquité, représentant deux personnages assis aux deux côtés d'un arbre, et étendant leurs mains vers le fruit de cet arbre, tandis qu'un serpent se dresse derrière la femme.

L'Egypte n'est bien connue que depuis fort peu de temps, et parmi les monuments de sa religion primitive il faut placer le papyrus de Turin, appelé le *Rituel funéraire.* On y lit : « Il y a *un* très saint, *un* Créateur de tout ce que renferme la terre, *un* gouverneur du jour. »

On trouve aussi chez les Egyptiens la notion du serpent ennemi de Dieu, la notion d'un agneau immolé pour la rémission des péchés, ainsi que l'espérance d'un Sauveur, ce qui implique la chute originelle de l'humanité (1).

Les Chinois sont plus explicites. En hébreu, le mot Adam signifie *terre rouge* : or, les Chinois appellent le premier homme *Hoang-Ty* ; *hoang*, terre rouge, *Ty*, seigneur ou patriarche. La première femme chez eux s'appelle *Louy-Tsou* ; *tsou*, la grande aïeule, *louy*, qui entraîne les autres dans son mal.

En chinois, *Kong-Hong* signifie l'*architecte de tout mal* ; il est représenté avec la tête d'un homme, la chevelure couleur de feu, et le corps d'un serpent. Dans un très

(1) Pour plus de détails sur tous les peuples dont nous avons parlé ci-dessus, voir *Paganisme et Révélation*, par le Dr Fisscher.

ancien livre il est dit : homme et non homme, serpent et non serpent, il n'est que mensonge et tromperie. Un auteur chinois, Lopi, ajoute qu'il fut le premier des rebelles, qu'il brisa les liens qui unissaient le ciel et la terre, qu'enflé de sa sagesse il s'attribuait à lui seul toutes les vertus,

Les Chinois ont aussi la connaissance d'un jardin merveilleux situé, disaient-ils, auprès de la porte fermée du ciel. Au milieu du jardin est la fontaine d'immortalité, et il est arrosé par quatre fleuves. Ils parlent aussi du grand temps de la nature parfaite : l'homme alors adhérait à la suprême sagesse ; alors il n'existait ni fléaux, ni maladie, ni mort. La femme, disent-ils, a perdu le genre humain, c'est elle qui est la cause de tous nos maux.

Au sujet des Américains, M. de Humboldt écrit : « ... Le groupe représente *la femme au serpent*. Les Mexicains la regardaient comme la mère du genre humain. On la voit toujours représentée en rapport avec un grand serpent. » Un autre auteur rapporte qu'un violent orage ayant déraciné un chêne énorme en Pensylvanie, on découvrit sous ses racines une grande pierre, sur laquelle étaient gravées diverses figures, entre autres deux de forme humaine, séparées par un arbre, la dernière tenant des fruits à la main.

Ces mêmes Mexicains plongeaient dans l'eau l'enfant nouveau-né, et ce faisant ils disaient : *Puisse ce bain purifier ton cœur !* En cela ils suivaient une pratique universelle, comme nous l'avons remarqué en traitant du Baptême. (*Bulletin de la Sainte-Espérance*, tome I, pages 414-415.)

Les Grecs et les Romains, peuples plus rapprochés de nous, mais qui avaient reçu de leurs devanciers les doctrines primitives, avaient la notion de la tache originelle ; pour cela ils plongeaient aussi dans l'eau les petits enfants.

Platon dit très clairement que qui mourra sans avoir été purifié par les rites expiatoires (*Teletai*) sera précipité dans l'abîme de l'enfer ; et qu'au contraire l'homme qui aura été purifié sera reçu dans le séjour des Dieux. (*Phédon*.)

Fidèle à la même doctrine, Virgile nous représente, pleurant dans l'enfer, les petits enfants eux-mêmes que la mort a enlevés de ce monde dès leurs premiers jours, à savoir avant qu'ils aient reçu *la purification*. Elle n'avait lieu chez les Romains que le neuvième jour pour les garçons et le huitième pour les filles. (*Enéide*, VI.)

Nous avons, en quelque sorte, parcouru le monde ancien, et partout nous avons constaté le souvenir de la chute originelle. Blessée au cœur, l'humanité sent sa blessure, et partout elle en subit les conséquences formidables.

Héritiers des promesses de Dieu, porteurs des divines révélations et de toutes les espérances du monde, les Juifs avaient sur ce point une doctrine plus lumineuse, des notions plus exactes : ils savaient.

Les docteurs de la Synagogue nous ont transmis les enseignements de leurs pères, et sont, de tout point, en accord parfait avec la doctrine catholique. On sait d'ailleurs, que la doctrine de l'Eglise s'appelle catholique, précisément parce qu'elle est de tous les temps comme de tous les lieux.

Drach, un rabbin converti à la foi catholique, dans son livre de l'*Harmonie entre l Eglise et la Synagogue*, nous a donné en quelques pages un traité du péché originel selon les rabbins. Nous allons le résumer brièvement.

Le Tentateur, selon eux, c'est l'ange déchu ; le serpent et l'ange tombé, c'est tout un, et il causa la mort au monde entier.

La Synagogue a toujours enseigné que le péché d'Adam et d'Eve s'est attaché à leur postérité qui était en eux virtuellement. Cette doctrine se transmettait sous le mythe suivant : « A l'heure où le serpent *se mêla avec Eve*, il jeta en elle une souillure qui continue à infecter ses enfants. » Souvent les livres rabbiniques parlent *de la souillure que le serpent a jetée en Eve*. Cette souillure est aussi appelée par eux du nom de *venin*.

Dans un commentaire mystique sur le livre de Ruth, on lit : « La souillure fut jetée en Adam et en Eve par l'ancien serpent : car cette souillure fut la véritable origine des générations qui sortaient d'Adam et d'Eve. C'est ce que nous avons ouï dire à nos docteurs qui l'avaient appris de leurs prédécesseurs, et ceux-ci l'avaient appris d'autres en remontant jusqu'à la bouche d'Elie le prophète. »

Rabbi Menahhem de Recanati explique comme il suit la transmission du péché originel : « Au jour où le premier « homme fut créé, toute la création se trouva terminée ; « Adam fut donc l'achèvement du système du monde, et « le sommaire du genre humain qu'il contenait en germe. « De cette manière, quand il pécha, tout le genre humain « pécha avec lui ; et c'est ainsi que nous portons la peine « de son iniquité. »

Selon les mêmes rabbins, le péché originel se trouve désigné dans les passages suivants de l'Ecriture :

I. — En la *Genèse*, ch. VI, ỳ. 5, il est appelé *le mal* : « Dieu vit que la malice des hommes était grande sur la « terre, et que les pensées de leur cœur n'étaient que mal « tout le temps... » C'est de là que les Juifs avaient pris le nom du péché originel : ils l'appelaient simplement : *le mal*, *râh*, ou encore l'inspiration mauvaise : *ietser rah*. Comme plus loin au ch. VIII, du même livre de la *Genèse*, ỳ. 21.

II. — Les Juifs appelaient encore le péché originel d'un nom emprunté au *Deutéronome*, X, 16 : *Circumcidite igitur praeputium cordis vestri...* C'était l'*incirconcision du cœur* : expression très énergique et très significative, indiquant, *à la juive*, la nature du mal que porte au cœur la nature humaine, c'est *une souillure*.

III. — Les enfants d'Israël appelaient encore le péché originel du nom de *cœur de pierre*, suivant ces paroles du prophète Ezéchiel : « Je verserai sur vous une eau pure, et « vous serez purifiés de toutes vos souillures, et je vous « donnerai un cœur nouveau, et je mettrai en vous un « esprit nouveau, et j'ôterai de votre chair le cœur de « pierre et je vous donnerai un cœur de chair. » (*Ezéch.*, XXXVI, 25-26.) Le cœur de chair est un cœur doué de vie et de sentiment ; le cœur de pierre est insensible, c'est la mort ; et c'est l'état des hommes qui n'ont pas reçu *l'eau pure* et purifiante : le baptême.

IV. — Les anciens trouvaient encore, comme nous trouvons nous-mêmes, la doctrine du péché originel dans ces paroles de Job : « Qui pourra rendre pur celui qui est né d'impur ? » L'*impur*, c'est l'homme tel que l'a fait Adam ; c'est l'homme tombé.

V. — Un passage du prophète Joel était encore expliqué du péché originel : le prophète dit : « J'éloignerai de vous Celui qui vient de l'Aquilon. » (*Joel*, II, 20.) Le Nord ou l'aquilon dans le style des prophètes, c'est le mal, comme le Sud ou le Midi, c'est le bien. Aussi les docteurs de la Synagogue entendaient-ils ce mot de Joel du péché originel. Le savant rabbin David Kimhhi dit à ce sujet : « Nos « maîtres, d'heureuse mémoire, exposent ce verset du « temps du Christ en cette manière : *J'éloignerai de vous* « *Celui qui vient de l'Aquilon* : C'est là le foyer du mal qui « est caché et réside dans le cœur de l'homme. »

Les docteurs de la Synagogue avaient très bien précisé la doctrine sur le péché originel. Voici quelques passages de leur Thalmud (1) à ce sujet : « A partir de quel moment « la méchante concupiscence (ou le péché originel) « domine-t-elle sur l'homme ? Est-ce depuis le moment « de sa naissance ou dès le temps de sa formation (*ietsira*) ? « Réponse : Dès le temps de sa formation. » — « Tant « que vivent les justes, ils ont à combattre avec leur con- « cupiscence. » — « Dans le monde futur, la concupiscence « ne sera plus. » Souvent, chez les rabbins, le monde futur désigne le temps du Messie ; alors le péché originel ne sera plus, à cause de l'*eau pure*, annoncée par Ezéchiel. Si, par le monde futur, on entend la vie éternelle, il est bien sûr que toute concupiscence sera alors détruite. « Dans le temps à venir, dit encore le Thalmud, Dieu fera

(1) Le *Thalmud* (doctrine) est un recueil en dix volumes *in-folio*, contenant les enseignements des rabbins. Pour eux, la Bible c'est de l'eau, mais le *Thalmud*... du vin !

« venir la méchante concupiscence et la tuera sous les « yeux des justes et sous les yeux des impies. »

VI. — Les anciens voyaient encore la doctrine du péché originel dans le verset 7 du psaume *Miserere*, là où David dit : « Car voici, j'ai été conçu dans l'iniquité, et ma mère « m'a conçu dans le péché. » Rien ne pouvait être dit de plus clair : aussi la Synagogue comprend ce verset absolument comme l'Eglise.

Ces doctrines si profondément enracinées dans la conscience humaine, si solidement appuyées sur la tradition mosaïque, ont pénétré jusqu'au cœur de l'Islamisme.

Mahomet, son prétendu prophète, avait écrit dans son *Coran*, au sujet de la Sainte Vierge : « Les anges dirent à Marie : Certes, Dieu t'a choisie et t'a faite pure. » Et le grand commentateur du *Coran*, Djelal-Eddin, donne de ces mots l'explication suivante : « Il est de tradition que per- « sonne ne vient au monde sans que Satan le touche au « moment de sa naissance. C'est ce qui lui fait pousser des « cris accompagnés de pleurs. Mais Marie et son Fils en « restèrent exempts. »

CHAPITRE II.

Le péché originel nous est au moins indiqué par les misères de la nature, les contradictions que l'homme trouve en lui-même et surtout par la honte.

Les géologues, ayant étudié attentivement le globe terrestre, ont constaté qu'il avait subi de grandes révolutions, présentement encore attestées par des débris de plantes, d'animaux et même de corps humains ensevelis à de grandes profondeurs.

L'étude de l'homme a également démontré que, lui aussi, avait subi une révolution considérable ; et comme par l'étude des couches terrestres on a pu constater la nature et l'étendue des bouleversements de notre planète, de même par un examen attentif de l'état de notre humanité, on est amené à penser qu'elle n'est plus ce qu'elle était à sa sortie des mains du Créateur : elle aussi a dû passer par des événements qui ont sensiblement modifié sa nature et les conditions de son existence.

Prenons l'homme à sa naissance. N'est-il pas douloureux de constater que le roi de la création, l'homme, vient au monde dans des conditions réellement inférieures aux animaux ? L'animal n'est pas plutôt né qu'il va chercher la mamelle de sa mère et se met immédiatement à l'œuvre pour sa conservation. L'homme, au contraire, naît dans un tel état de faiblesse et d'impuissance que, sans un secours étranger, secours que sa mère elle-même, brisée de douleur, est incapable de lui procurer, il serait infailliblement condamné à mourir.

Il y a plus : cette impuissance du premier instant ne finira pas avec le premier jour de sa vie : elle durera longtemps et certainement bien au-delà de la première année de sa vie.

Voilà pour le corps. Quant à son âme, l'homme est dans un état plus pitoyable encore, et il lui faudra attendre bien des années avant qu'il puisse faire acte de raison.

Ces considérations nous amènent à reconnaître que l'homme, supérieur aux animaux par tant de côtés, leur est cependant inférieur en beaucoup de choses, et nous sommes forcés de conclure que les choses ne sont plus pour lui ce qu'elles devaient être primitivement. L'homme ne nous paraît pas être dans son état primitif et normal, il a subi une chute.

Poursuivons cet examen. L'homme a grandi, et dès qu'il a acquis la conscience de soi-même, voici que se révèlent en lui des phénomènes inexplicables. Il se trouve en l'homme comme deux hommes. L'un aspire en haut : l'autre se traîne en bas. L'un est l'homme de la raison, l'autre l'homme de la passion. Il sait ce que c'est que la vérité, et voilà que se révèle en lui l'inclination au mensonge. Qui donc a enseigné à l'enfant la science de mentir ? Il ment une fois, et pour défendre son mensonge il en fait un second. Et si on lui ment, à lui, il se fâche, prétendant, avec raison, avoir un droit certain à ce qu'on lui dise la vérité.

Il y a en l'homme un véritable dualisme. Tout en ayant la connaissance du bien, et le voulant selon les meilleures tendances de sa nature, il succombe à l'attrait du mal, tout en détestant le mal.

Les païens eux-mêmes en ont fait la remarque. « Je vois ce qui est bien, disait Ovide, je le vois et je l'approuve, et pourtant j'obéis au mal. »

Comment expliquer ces contradictions de notre nature, si l'on ne reconnaît que cette pauvre nature a subi une grande altération, et est actuellement dans une voie qui ne peut être qu'une déviation ?

Et puis, il faut reconnaître que cette altération, que cette déviation ne sont pas le fait de l'individu, mais de la nature elle-même, ce qui est bien plus grave. Car si c'était le fait de la personne et non de la nature, nous aurions le bonheur de voir au moins quelques individus exempts du mal commun, ce qui n'est pas. La nature est la même dans tous, et dans tous elle est malade.

Il nous faut aller plus loin encore dans l'investigation de notre mal. Pour ajouter le dernier trait au tableau déjà si triste de nos malheurs, nous disons que l'homme porte en lui-même un sentiment invincible qui certainement n'est pas l'ouvrage de Dieu, c'est la honte. La honte s'impose à tous, elle s'attache à l'ouvrage de Dieu, et de même que rien ne saurait la faire disparaître, il n'est rien qui humainement puisse nous l'expliquer.

Comment se fait-il donc qu'elle soit là ? Dieu n'a pu mettre l'homme dans la cruelle nécessité de rougir de l'œuvre de son Créateur. La honte n'est donc pas l'ouvrage de Dieu ; elle s'est attachée à l'homme par suite de l'œuvre de l'homme. Et ici il faut dire encore que cette honte n'est point dans l'individu, mais dans la nature. Encore une fois il nous faut reconnaître que ce n'est point l'homme qui est malade, mais la nature.

Ecoutons là-dessus le langage si grave et si profondément philosophique de Pascal :

« Les grandeurs et les misères de l'homme sont tellement visibles, qu'il faut nécessairement que la véritable religion nous enseigne et qu'il y a quelque grand principe de grandeur en l'homme et qu'il y a un grand principe de misère.

« Si l'homme n'avait jamais été corrompu, il jouirait dans son innocence de la vérité et de la félicité avec assurance. Et si l'homme n'avait jamais été que corrompu, il n'aurait aucune idée ni de la vérité, ni de la béatitude.

« Qu'est-ce que nous crie cette avidité et cette impuissance, sinon qu'il y a eu autrefois dans l'homme un véritable bonheur, dont il ne lui reste maintenant que la marque et la trace toute vide, et qu'il essaye inutilement de remplir de tout ce qui l'environne, parce que ce gouffre infini ne peut être rempli que par un objet infini et immuable, c'est-à-dire que par Dieu même.

« Chose étonnante cependant, que le mystère le plus éloigné de notre connaissance, qui est la transmission du péché [originel], soit une chose sans laquelle nous ne pouvons avoir aucune connaissance de nous-mêmes... Sans ce mystère, le plus incompréhensible de tous, nous sommes incompréhensibles à nous-mêmes. Le nœud de notre condition prend ses replis et ses tours dans cet abîme. De sorte que l'homme est plus inconcevable sans ce mystère que ce mystère n'est inconcevable à l'homme. » (*Pensées*, ch. IV, art. 7).

CHAPITRE III.

Le péché et l'état de péché ; le péché originel est un venin.

Tout ce que nous avons écrit précédemment sur le péché originel, n'est en quelque sorte qu'une introduction à l'exposé de la doctrine catholique sur cette grave question : toutefois, avant d'avancer, il nous reste à faire une remarque d'une importance capitale.

Autre chose est le péché, autre chose est l'état du péché.

Le péché, en prenant le mot dans son sens strict, le péché est l'acte même dans lequel se trouve la désobéissance à Dieu ; c'est le fait de l'homme se séparant de la volonté de Dieu, pour suivre l'inspiration mensongère de sa volonté propre.

L'état de péché, c'est la conséquence de l'acte : c'est ce qui reste en l'âme après la désobéissance, à savoir la perte de la grâce, la souillure, l'inimitié de Dieu, et tout ce qui peut en résulter.

L'acte du péché dure le temps de commettre la faute : l'état du péché dure jusqu'à la rémission de la faute.

Adam mangea le fruit défendu, ce fut l'acte du péché : quand l'acte fut accompli, et le péché consommé, Adam fut en état de péché.

Par les mérites du Sauveur qui lui fut promis, et en qui il crut, Adam reçut le repentir et le pardon de son énorme faute : mais s'il fut relevé, ce fut personnellement : tombée en lui, la nature n'est relevée qu'en Notre-Seigneur Jésus-Christ.

L'ancien Adam nous transmit sa nature, mais sa nature tombée : car il nous engendra, non en vertu de la grâce qui l'avait relevé, mais en vertu de sa nature qui avait été viciée. Tous ceux qui naissent de lui naissent de la chair et du sang, et tous ont besoin de renaître afin que la régénération en Jésus-Christ les purifie de la souillure inhérente à la génération en Adam.

Nous avons dit que les anciens rabbins appelaient le péché originel du nom de *venin*. Ce mot est très exact. En effet, quand un venin est introduit dans un point de notre corps, il tend à infecter le corps tout entier. De même quand, par la malice de *l'ancien serpent*, le venin fut jeté dans nos premiers parents, il ne s'arrêta pas à eux, mais il s'étendit à tout le corps dont ils étaient les chefs, à l'humanité tout entière.

C'est par l'acte même de la génération que le venin se transmit, et se transmet, et se transmettra tant que durera l'humanité. Il y a là une énergie venimeuse ; l'homme en rougit, et il se cache. Fût-il personnellement un saint, rien n'y fait : la personne n'est pour ainsi dire plus rien : c'est la nature qui est à l'œuvre, et dans la nature la concupiscence, et dans la concupiscence le venin : et le venin, c'est le péché originel.

Saint Thomas, avec sa concision ordinaire, enseigne cette même doctrine quand il dit : *Libido transmittit originale peccatum in prolem :* c'est la concupiscence qui transmet le péché originel à l'enfant. Le Concile de Trente, que nous citerons plus loin, nous dira la même chose.

Après ces préliminaires, nous allons entendre la grande voix de l'Eglise nous enseignant, avec l'autorité de Dieu même, la foi sur le péché originel.

CHAPITRE IV.

Doctrine du Concile de Trente.

Nous allons maintenant entendre la sainte Eglise de Dieu nous enseigner la doctrine du péché originel ; à cette fin nous n'aurons qu'à traduire la session cinquième du Concile de Trente. Elle se compose d'un préambule, de canons, et enfin d'une déclaration relative à la Très Sainte Vierge. Nous allons d'abord donner le préambule.

« Afin que notre foi catholique, sans laquelle il est im-« possible de plaire à Dieu, dégagée des erreurs, demeure « en sa sincérité, entière et sans atteinte, et de peur que « le peuple chrétien ne soit çà et là emporté à tout vent « de doctrine : attendu que cet ancien serpent, ennemi « perpétuel du genre humain, parmi bien des maux, dont « l'Eglise de Dieu est troublée en nos temps, a excité non « seulement de nouvelles, mais même les anciennes « contestations, aussi sur le péché originel et sur son « remède : le saint Concile œcuménique et général de « Trente, légitimement réuni dans le Saint-Esprit, sous la « présidence des mêmes trois légats du Siège apostolique, « voulant maintenant se mettre à l'œuvre de rappeler les « égarés et d'affermir les ébranlés, suivant les témoignages « des Saints Pères, et des Conciles les plus autorisés, « ainsi que le jugement et consentement de l'Eglise elle-« même, au sujet du péché originel, statue, confesse et « déclare ce qui suit. »

Pour comprendre ce langage, il faut se rendre compte de l'état de la société au milieu du XVIe siècle. On était alors sous l'action d'un grand mouvement littéraire, moral et religieux, qui s'appelait *la Renaissance.*

La Renaissance avait commencé par les lettres. On avait voulu remettre en lumière, en honneur, les belles-lettres, par suite les beaux auteurs. On vantait, on chantait Démosthène et Cicéron, Homère et Virgile, Platon et Sénèque, et une foule d'autres.

En lisant ces auteurs, on prenait leurs idées, et leurs idées n'étaient pas chrétiennes, elles étaient purement et simplement païennes. Le paganisme pur et simple rentra donc dans la société chrétienne. On entendit alors nier le péché originel. Et il en sera toujours ainsi, attendu que le péché originel d'un côté et la Rédemption de Notre-Seigneur JÉSUS-CHRIST de l'autre, c'est tout le christianisme.

Quand donc le Concile nous dit qu'en son temps on vit se renouveler les anciennes contestations sur le péché originel,il veut nous dire que certains hérétiques renouvelèrent alors l'ancienne hérésie de Pélage, lequel niait purement et simplement le péché originel.

A cette ancienne hérésie s'en joignaient de nouvelles, œuvres de Luther et de Calvin. Ces novateurs prétendaient que le péché originel subsistait même après le baptême, que le baptême nous valait seulement la non imputation du péché, mais ne l'effaçait pas réellement.

On voit par là que l'esprit humain se portait à tous les excès : en certains hommes il s'efforçait de prouver qu'il n'y a pas de péché originel ; en d'autres il soutenait que le péché originel subsiste même après le baptême.

Placée au milieu d'ennemis si opposés de sentiments, et errant si misérablement au sujet du péché originel et de son remède qui est le baptême, l'Eglise par la bouche du Concile enseigna aux uns et aux autres, et en même temps à tous les fidèles la doctrine pure et sans tache des divines Ecritures, des Saints Pères et des Conciles *les plus autorisés*.

Ces Conciles sont ceux qui ont été tenus contre les anciens pélagiens, à savoir plusieurs Conciles de Carthage, le Concile de Milève, et surtout le second Concile d'Orange, où la doctrine du péché originel fut affirmée en des termes que le Concile de Trente s'appropria. Nous allons l'entendre dans le premier de ses canons.

« Si quelqu'un, dit-il, ne confesse pas que le premier « homme, Adam, après qu'il eut transgressé le comman- « dement de Dieu dans le Paradis, perdit aussitôt la sain- « teté et la justice dans laquelle il avait été constitué, et « par ce péché et cette prévarication, encourut la colère « et l'indignation de Dieu, et en conséquence la mort, « dont Dieu l'avait auparavant menacé, et avec la mort la « captivité sous la puissance de celui qui depuis a eu « l'empire de la mort, c'est-à-dire du diable, et que par « cette offense et cette prévarication, Adam tout entier a « été changé et détérioré, *in deterius commutatum*, selon le « corps et selon l'âme : qu'il soit anathème ! »

Comme on le reconnaît à première vue, le Concile nous instruit ici sur l'état d'Adam avant et après sa chute. Avant sa chute, il possédait *la sainteté et la justice*. On pense généralement que Dieu les lui donna dès sa création ;

toutefois, comme certains auteurs catholiques avaient enseigné que Dieu avait d'abord créé Adam selon la nature, puis l'avait élevé à la sainteté et à la justice que nous appelons originelle, le saint Concile ne voulut pas les condamner, et il se contenta de dire qu'Adam avait été *constitué* dans cet état : il ne dit pas *créé;* et en cela le saint Concile nous fait mieux saisir la différence des dons de l'ordre naturel : il nous apprend que la grâce d'Adam était véritablement une grâce surnaturelle, indue à sa nature.

Adam tomba, et par sa faute même il perdit la grâce, la sainteté et la justice qui faisaient son mérite devant Dieu. Déchu de l'amitié de Dieu, il encourut sa colère et son indignation : il devint mortel selon la condition de sa nature, d'immortel qu'il était par la grâce ; et de serviteur libre de son créateur, il devint l'esclave de Satan, auquel il avait obéi.

La chute était épouvantablement grande : l'homme tout entier s'en ressentit, tout entier il fut détérioré, selon le corps et l'âme.

Selon le corps, il devint sujet aux maladies et enfin à la mort ; selon l'âme, il était dépouillé des dons de la grâce, et de tous les biens qui pour lui résultaient de la présence de ce don surnaturel.

Son âme ayant rompu le joug si doux de sa dépendance envers Dieu, subit le joug étrange de la concupiscence : et lui qui dans le paradis était pur et heureux, presque comme les anges du ciel, lui qui était alors nu et n'avait pas la honte, n'eut pas plutôt péché qu'il connut la honte, et fut obligé de se cacher ! Dieu lui jeta *une peau de bête*, et il en couvrit sa honte. Il la couvrit, mais ne la supprima pas. Elle demeure !

Et puis avec cela, selon le corps et selon l'âme, Adam devint l'esclave de Satan, et en conséquence il devait tomber en la demeure de Satan lui-même, là où l'esclavage est éternel, sous le plus méchant des maîtres, dans une maison de feu.

Le second canon du Concile de Trente, relatif au péché originel, est conçu dans les termes suivants :

« Si quelqu'un soutient que la prévarication d'Adam ne « nuisit qu'à lui seul, et non aussi à sa descendance : et « que ce n'a été que pour lui, et non aussi pour nous, « qu'il a perdu la justice et la sainteté qu'il avait reçues de « Dieu : ou bien qu'ayant été souillé par le péché de « désobéissance, il n'a versé sur tout le genre humain que « la mort et la peine du corps, et non en même temps le « péché qui est la mort de l'âme : qu'il soit anathème. »

Toute la doctrine de Pélage est ici renversée et frappée d'anathème. Il reconnaissait bien qu'Adam avait péché, qu'il était déchu de la justice originelle, mais il prétendait que la chute d'Adam avait été, pour sa descendance, seulement un mauvais exemple, et rien autre chose.

Les disciples de l'hérésiarque, pressés de tous côtés par les anathèmes de l'Eglise, consentirent à reconnaître que le péché d'Adam avait nui à tout le genre humain ; mais quand on les pressait de confesser quel mal nous avait causé à tous le péché de notre premier père, ils reconnaissaient bien qu'Adam nous avait transmis les peines de son péché, les souffrances, la maladie, la mort, mais ils ne voulaient point reconnaitre qu'Adam nous avait transmis son péché lui-même avec l'ignorance et la concupiscence qui en sont la suite et en même temps l'indice cruellement révélateur.

En un mot ils reconnaissaient qu'Adam nous avait transmis la mort du corps, mais non la mort de l'âme ou le péché proprement dit.

Les anciens Conciles condamnèrent les doctrines pélagiennes. et le Concile de Trente, voyant reparaître ces mêmes doctrines au XVIe siècle, les condamna de nouveau en s'appropriant les termes mêmes des Conciles antérieurs.

La raison humaine convient assez facilement que nous avons hérité des peines encourues par Adam, des pénalités infligées à son péché : nous concevons cela facilement parce que nous voyons se réaliser sous nos yeux des faits absolument semblables : une peine infligée à un père jette le déshonneur sur ses enfants ; nous voyons cela, et nul ne songe à soulever des objections contre cette donnée morale qui, cependant, prise en elle-même, est quelque peu dure, *durus sermo*.

Mais ce que l'on ne conçoit pas si bien, c'est qu'Adam nous ait transmis non seulement les pénalités du péché, mais le péché lui-même

Instruits par la divine révélation, nous acceptons la doctrine du péché originel et, sur la parole de Dieu, la foi demeure en assurance.

Après avoir amené la raison à se soumettre à la raison de Dieu, la foi provoque la raison à chercher le *comment* de ce qu'elle croit. Selon le mot si profond de saint

Anselme, la foi cherche l'intelligence, la foi cherche à comprendre, *fides quærit intellectum.*

Ici le rôle de la raison s'agrandit, parce que, aidée de la raison de Dieu, elle va s'élever au dessus d'elle-même, et se demander comment il se fait que le péché d'Adam devienne notre péché.

Seule, devant cette grande question, la raison doit confesser son impuissance, mais aidée de la foi, la raison peut avancer, et sans témérité. Voici le chemin qu'elle peut faire, et comment elle procède.

Le Concile de Trente nous vient en aide d'une manière on ne peut plus satisfaisante. Il dit : « Le péché d'Adam, « étant un dans son origine, est transvasé (*transfusum*) en « tous par génération et non par imitation, et est propre « à chacun. »

Nous nous demandions comment le péché d'Adam passait en chacun de ses enfants, le saint Concile nous répond : « Par transfusion, par la génération même. »

Ceci ouvre à la raison une voie de connaissance absolument nouvelle, absolument surhumaine, absolument divine. La génération est une sorte de dédoublement d'Adam : et Adam, dans l'acte même de la génération, *engendre à son image et ressemblance*, selon la parole de l'Ecriture (*Gen* , v, 3). Adam tombé engendre des tombés, Adam pécheur verse dans ses enfants et sa nature et son péché.

Voici qui nous aidera à comprendre cette importante vérité Un compositeur, à l'imprimerie, fait une faute ; la planche est portée à la presse, la presse est mise en mouvement, tous les exemplaires qui nous arrivent portent la faute première.

Sous l'image du *prote* (*protos*, *premier*), reconnaissons Adam ; sous celle du tirage, reconnaissons la génération, et sous celle des exemplaires, reconnaissons tous les enfants d'Adam.

Une dans son origine, la faute première devient propre à chacun des exemplaires. Nous comprenons par là, autant qu'il nous est possible maintenant, la *transfusion* du péché originel.

CHAPITRE V.

Le péché originel est réellement et proprement péché.

Le saint Concile de Trente, au troisième de ses canons relatifs au péché originel, prononce :

« Si quelqu'un nie que la culpabilité du péché originel soit remise par la grâce de Notre-Seigneur JÉSUS-CHRIST, laquelle est conférée par le baptême, ou bien affirme que tout ce qui est réellement et proprement péché, n'est pas ôté : mais dit que c'est simplement comme rasé, ou que ce n'est pas imputé, qu'il soit anathème. »

Dans ces graves et solennelles paroles, où le saint Concile affirme à nouveau la doctrine catholique, nous devons reconnaître son insistance à nous inculquer la réalité du péché originel, devenu propre à chacun, et sa rémission pleine et entière par le baptême.

Mais nous voulons surtout remarquer ces mots : *Tout ce qui est réellement et proprement péché*, par lesquels le Concile ou plutôt le Saint-Esprit, parlant par le Concile, nous fait savoir que le péché originel est bien *réellement et proprement péché.*

Il n'y a donc pas à douter, ni à hésiter, ni à chercher des faux-fuyants. L'Apôtre l'a dit très nettement dans l'épître aux Romains : *Plusieurs sont devenus pécheurs par la désobéissance d'un seul homme.* (Rom., v, 18.) Et il faut entendre ce mot de *pécheur,* non pas métaphoriquement, mais dans son sens *propre et reel.* L'enfant qui naît d'Adam est bien réellement *pécheur*.

L'enfant qui naît d'une famille royale, naît réellement prince : et sa qualité de prince, il la tire de sa naissance même : ainsi l'enfant d'Adam naît pécheur, et son péché lui vient de sa naissance même : le péché lui est *transfusé*, comme au fils du roi lui est transfusée la noblesse, la principauté, la royauté

Comme donc la noblesse, la royauté sont des biens héréditaires en certaines familles, le péché d'Adam est devenu héréditaire en sa descendance.

On pourrait après cela soulever des questions interminables, et formuler des *comment ?* Mais il faut savoir qu'en toutes choses le dernier mot est à Dieu, et à lui tout seul. Et il en est ainsi, non seulement dans la question du péché originel, non seulement dans tous les dogmes de la foi, mais dans toutes choses, même les plus naturelles et les plus communes.

Qui donc sait comment l'âme est unie au corps ? C'est un secret de Dieu, et cependant nous avons le fait sous les yeux, et l'acceptons sans balancer.

Qui sait comment le pain que nous mangeons se change en chair et en os, en ongles et en cheveux dans notre corps ? Nul ne sait le *comment*, et cependant nous avons le fait sous les yeux, et nul ne songe à le contester, encore que le *comment* nous échappe.

De même, dans la question du péché originel, nous connaissons le fait par la révélation de Dieu, le *comment* nous échappe, ainsi que tous les autres *comment*, et nous ne devons pas hésiter pour cela à croire sur la parole de Dieu. Et le chrétien qui se refuserait à croire la vérité révélée parce qu'il ne comprend pas le *comment* des choses, serait aussi peu raisonnable que l'homme qui se refuserait à manger parce qu'il ne voit pas *comment* le pain est nécessaire pour la conservation de la vie.

CHAPITRE VI.

Ce qui reste du péché originel après le baptême.

Le péché originel est détruit, anéanti par le baptême : il ne reste dans l'homme baptisé rien, absolument rien qui blesse en lui l'amitié de Dieu. Toutefois la concupiscence ou l'inclination au péché demeure dans les baptisés. Dieu a voulu nous la laisser pour nous donner le mérite d'avoir lutté contre elle et de l'avoir vaincue. Elle ne nuit point à ceux qui lui résistent par la grâce de Notre-Seigneur

Jésus-Christ : elle devient pour eux une occasion de mérites et un titre de plus à la récompense éternelle.

Elle n'en est pas moins un reste de péché ; bien qu'elle ne soit pas elle-même péché, elle incline la volonté vers le péché, et si on ne lui résiste courageusement, elle finit par faire perdre la grâce, et par faire tomber l'homme dans la damnation éternelle.

Ses séductions sont puissantes : elle nous flatte, elle nous fait croire que sa voix est la voix de la nature, et sous ce prétexte elle en séduit plusieurs.

La foi seule peut nous éclairer sur le compte de la concupiscence. Pour ceux qui n'ont pas la foi, elle est une énigme indéchiffrable. Ils se demandent d'où viendraient bien de pareilles inclinations, si elles n'étaient pas naturelles : ne pouvant arriver à découvrir leur origine, leur nature intime, ils se laissent aller à penser qu'elles sont inséparables de la nature, qu'elles sont la nature même, et que dès lors elles sont légitimes.

Une pareille erreur entraîne des conséquences formidables : car comme presque toutes les lois sont faites pour arrêter l'essor de ces inclinations funestes, si l'on a déclaré que ces inclinations sont légitimes, il s'ensuit que les lois sont abusives.

Il ne manque pas de gens qui ne reculent pas devant ces conséquences désastreuses. Pour eux le mal est dans la société, le bien est dans l'individu : le mal est dans les lois, le bien est dans la nature. Tout ce qu'on appelle socialisme prend là son point de départ : et il faut le dire, sa raison d'être, c'est l'ignorance. Un peu de catéchisme suffit à guérir tout le socialisme du monde.

Nous ne prétendons pas que toutes les législations soient parfaites : loin de là, nous pensons au contraire que toutes les législations sont susceptibles d'amélioration : mais nous ajoutons que le plus malade, c'est l'individu. La guérison du corps social doit commencer par l'individu : et quand l'amendement individuel sera réalisé, l'amendement social s'ensuivra sans difficulté et sans secousse.

L'Eglise seule peut travailler ainsi à l'amélioration de l'individu : c'est pourquoi les Etats qui sont désireux de la paix sociale devraient s'étudier à laisser à l'Eglise toute sa liberté d'action : il s'en suivrait nécessairement une amélioration de l'état moral des peuples, et tous en bénéficieraient infailliblement. On voit dès lors clairement qu'en entravant la liberté de l'Eglise, les Etats ne peuvent que se créer à eux-mêmes des difficultés et se préparer des catastrophes d'autant plus assurées que l'action salutaire de l'Eglise sur les individus aura été plus entravée.

Nous ne voulons pas nous étendre davantage sur ces considérations : nous ne pouvions pas non plus ne pas les indiquer, parce qu'elles ressortent naturellement de notre sujet.

Concluons que la notion du péché originel est une notion non seulement salutaire, mais indispensable pour l'individu comme pour la société : nous allons examiner où en est la société, où en sont les individus relativement à ce dogme capital du christianisme.

CHAPITRE VII.

Le péché originel et la Franc-Maçonnerie.

Nous l'avons dit souvent : Tout le Christianisme se résume en deux personnes : Adam et Jésus-Christ : Adam en qui nous sommes tombés, Jésus en qui nous sommes relevés.

Il suit de là que les deux dogmes capitaux de notre foi sont, d'une part : le péché originel, et de l'autre la divinité de Notre-Seigneur Jésus-Christ.

Bossuet expliquant ce que l'Apôtre nomme *le mystère d'iniquité* (II Thess., II, 7) dit : « Ce mystère consiste dans « la corruption des maximes de l'Evangile, et l'établisse- « ment de l'Antichristianisme. » (*Pensées détachées*, tom. VII, p. 126. *Ed. Outhenin.*)

L'établissement de l'Antichristianisme ! Bossuet était pontife cette année-là, et il prophétisa. L'Antichristianisme s'appelle aujourd'hui la Franc-Maçonnerie, son établissement est un fait accompli.

Chacun sait quel cas la Franc-Maçonnerie fait de la divinité de Notre-Seigneur Jésus-Christ. Elle en est venue *à défendre de prononcer son nom* dans les écoles rendues *obligatoires pour les chrétiens*. Chacun sait cela : mais on ne sait pas si bien ce que pense la Franc-Maçonnerie du second dogme fondamental du Christianisme. Nous le dirons d'après un auteur bien informé. Le Père Deschamps, dans son magnifique travail : *Les sociétés secrètes et la société*, dit : « De tous les dogmes chrétiens, il n'en est point que

« la Franc-Maçonnerie attaque plus radicalement que celui « du péché originel. » (Tom. I, pag. 6) (1).

La secte antichrétienne sait très bien qu'en attaquant ce dogme capital, elle renverse le Christianisme tout entier, pour ne plus laisser de place qu'à son naturalisme.

Le Protestantisme a dû capituler devant l'Antichristianisme, et n'a pas eu la force d'affirmer ni la divinité de Notre-Seigneur, ni la réalité du péché originel. Nous comprenons cette reculade : quand on a nié la foi sur un point, on n'est plus en état de la défendre sérieusement sur aucun autre.

L'Eglise catholique ne connait pas ces défaillances : elle est là avec sa foi antique, ses antiques Conciles, ses solennelles définitions de foi, et elle présente à toutes les âmes le pur flambeau de l'immuable vérité.

Mais tous les enfants de l'Eglise n'ont pas la docilité nécessaire envers leur mère : plusieurs ont écouté la voix qui vient du dehors, et qui cherche à nous inoculer le poison du naturalisme, lequel deviendra à la longue l'Antichristianisme lui-même.

On s'en est donc pris au dogme du péché originel, et sous le beau prétexte de ne pas blesser les incroyants et de leur rendre la foi plus facilement acceptable, on a *diminué la vérité*, patrimoine des croyants. *Diminutæ sunt veritates a filiis hominum*. (Ps. XI, 2.)

(1) La Franc-Maçonnerie a un rite destiné à remplacer notre baptême. C'est là surtout qu'elle fait profession de nier le péché originel. Un enfant baptisé, pour nous, c'est *un enfant de Dieu, un petit ange*. L'enfant qui a subi les rites de l'initiation maçonnique s'appelle, en style des loges, *un louveteau*. Comparez !

CHAPITRE VIII.

Les blessures de la nature.

Pour exprimer les ravages du péché originel, les Pères ont une formule, acceptée par saint Thomas, et depuis répétée par toutes les bouches catholiques : ils disent que, par le péché d'Adam, l'homme fut dépouillé des dons gratuits, et blessé dans les dons naturels : *Spoliatus gratuitis, et vulneratus in naturalibus.*

Par les dons gratuits on entend la grâce sanctifiante et tout le cortège des biens surnaturels par lesquels l'homme était rendu enfant de Dieu, héritier du ciel, frère des anges, et immortel même dans son corps. Tous ces biens ont été complètement perdus par suite du péché.

Reste la nature ; c'est-à-dire l'homme composé de corps et d'âme : or ces biens, qui nous restent après la chute, ne sont plus ce qu'ils étaient, ne sont plus ce qu'ils devaient être dans le plan divin. Ils ont reçu des blessures, et des blessures graves.

Ces blessures sont au nombre de quatre : *l'ignorance, la malice, l'infirmité, la concupiscence.*

L'*ignorance* affecte la raison, laquelle n'est plus dans l'ordre qui lui convient relativement à la vérité. La *malice* affecte la volonté, laquelle n'est plus dans l'ordre vis-à-vis du bien. L'*infirmité* et la *concupiscence* affectent également la volonté, et paralysent ses forces vis-à-vis du bien difficile qu'elle doit rechercher, et vis-à-vis du plaisir qu'elle doit modérer et régler.

On le voit : la nature est bien malade.

Or, il est aujourd'hui beaucoup d'esprits, d'ailleurs excellents, qui, après avoir reconnu que la nature a perdu les dons surnaturels, s'efforcent de se faire croire qu'elle garde dans leur intégrité les dons naturels.

Les plaies que nous venons d'énumérer pour eux ne comptent pas, ou presque pas ; ce n'est rien, ou presque rien.

Un jour, il nous vint en main un écrit dévot, où, à propos de l'Immaculée Conception de la Très Sainte Vierge, on voulait nous dire ce qu'était le péché originel. On le définissait : la perte de la justice originelle. Bien. Puis on ajoutait : « Gardez-vous d'y voir une détérioration de la nature ! »

Comme le Concile de Trente prononce que par le péché originel l'homme a été détérioré selon le corps et selon l'âme, nous nous permîmes de demander à l'auteur comment il échappait à l'anathème proposé par le Concile. Il nous répondit : Vous n'avez pas lu Suarez. La réponse ne nous paraissant pas suffisante, nous insistâmes. Mais l'auteur *n'avait pas le temps* de discuter avec nous, et quasi poliment, il nous envoya promener.

Cette petite histoire est l'histoire de bien des gens. Ils ne veulent pas voir en face la vérité ; et si vous voulez la leur mettre devant les yeux, ils vous méprisent.

Nous, chrétiens, nous ne méprisons pas la nature. Nous distinguons en elle ce qui est de Dieu, et nous en bénissons le Créateur : en même temps nous reconnaissons ce qui en elle est blessé par le péché originel, et nous en demandons la guérison à Jésus, notre unique Sauveur.

CHAPITRE IX.

Les enfants morts sans baptême.

Nous avons vu comment le naturalisme travaillait à renier la foi au péché originel, et par là à détruire tout le christianisme.

Nous voulons maintenant montrer ce même naturalisme à l'œuvre détestable qu'il poursuit, et cela sur la question des enfants morts sans la grâce du baptême.

Voici un auteur, un auteur contemporain, qui écrit sans hésiter : « Il est évident que ces enfants ne sont ni punis, ni malheureux. » Nous citons textuellement.

Sur quoi nous faisons cette réflexion, — que tout le monde fera sans doute avec nous : Si ces enfants ne sont ni punis ni malheureux, il est évident qu'ils ne sont pas pécheurs ; en d'autres termes, il n'y a pas de péché originel proprement dit, ce qui est absolument et totalement contraire à la foi chrétienne.

Vous dites : Ils ne sont pas punis. Nous disons : Tout péché doit être puni ; or la foi nous enseigne que ces enfants sont dans le péché : nous en concluons, nous, qu'ils sont punis.

Vous dites : Ils ne sont pas malheureux. Nous disons : Le péché originel fait perdre aux enfants la grâce et l'amitié de Dieu ; or la foi nous enseigne que l'homme ne saurait arriver au bonheur sans la grâce de Dieu ; nous en concluons que ces enfants sont malheureux.

Nous verrons, dans peu, que ces conclusions sont rigoureusement vraies et appartiennent à la foi.

Mais voici venir ceux qui ont imaginé un état mitoyen entre le ciel et l'enfer : ils ont imaginé aussi un bonheu qu'ils appellent naturel pour ces pauvres enfants déshé rités.

A vrai dire, nous ne comprenons guère ce que pourrait être cette béatitude naturelle. Toutefois, si on veut l'admettre, il faudra en admettre les conséquences.

Si ces pauvres déshérités ne sont ni punis, ni malheureux, si là où ils sont, ils jouissent d'une béatitude naturelle : nous souhaiterions de savoir s'ils ont été créés pour cette béatitude inférieure, s'ils ont été destinés *au petit bonheur*, ou bien s'ils ont été créés, comme nous, pour *voir Dieu*.

Si l'on convient qu'ils ont été créés pour voir Dieu, ce qui est la seule vraie béatitude de l'homme, nous disons, nous, qu'ils n'ont pas atteint leur fin, et que, dès lors, ils ne peuvent être que malheureux.

Si l'on affirme qu'ils ont été créés pour cette béatitude naturelle, *qu'ils sont dans l'état de pure nature*, comme le disait naguère une voix éloquente, on sera obligé de convenir qu'ils sont en dehors de l'humanité rachetée par Notre-Seigneur, et il s'en suivra que Notre-Seigneur n'est pas mort pour tous les hommes. C'est là une proposition de Jansénius, et on ne pourrait la soutenir sans encourir l'excommunication.

Nous n'ignorons pas l'objection que l'on pourrait tirer contre nous de la doctrine de saint Thomas.

Billuart, commentateur autorisé de saint Thomas, et qui retient tout ce qu'il peut de la théorie du docteur angélique sur l'état des enfants morts sans baptême, affirme qu'il ne saurait être question pour eux de béatitude naturelle. Et la raison qu'il en apporte est saisissante : Ces enfants, dit-il, mourant dans le péché originel, meurent dans un état qui est l'aversion de Dieu ; en conséquence, ajoute-t-il, il ne saurait y avoir d'eux à Dieu cette relation libre et amoureuse qui constitue la béatitude (1).

Et puis, il faut remarquer, et ceci est capital dans la question, il faut remarquer que saint Thomas a écrit avant la définition de l'Eglise sur l'état des enfants morts sans baptême. On sait bien qu'il a écrit aussi sur la Conception de la Sainte Vierge, également avant la définition.

L'Eglise a-t-elle donc parlé sur l'état des enfants morts sans baptême ? Oui, solennellement, et deux fois, et en deux Conciles œcuméniques, à savoir, au Concile de Lyon et au Concile de Florence (1274 et 1438).

Voici les termes du Concile de Lyon, répétés exactement au Concile de Florence :

« *Illorum animas qui in actuali mortali peccato, vel solo* « *originali decedunt, diffinimus mox in infernum descendere,* « *pœnis tamen disparibus puniendas.* »

« Nous définissons que les âmes de ceux qui meurent « dans le péché mortel actuel, ou dans le seul originel, « descendent incontinent dans l'enfer, pour y être toute-

(1) Beatitudo naturalis stare non potest cum aversione a Deo ut auctore naturæ, consistit enim beatitudo naturalis in libera et amicabili conversione ac unione cum Deo ut auctore naturæ : atqui parvuli ratione peccati originalis sunt aversi a Deo etiam ut auctore naturæ ; ergo. (*De effectibus peccati*. Dissert. VII, art. VI.)

« fois punies par des peines inégales. » (*Traduction de Bossuet.*)

Nous venons de citer Bossuet. Il nous sera bon d'entendre le grand évêque commenter la définition de foi qu'il vient de nous traduire. Il se trouva de son temps, en France, un rationaliste fameux, et certainement un des pères du rationalisme contemporain. Bossuet le réfute en ces termes :

« Ce grand critique ignore la définition des deux Conciles œcuméniques, du Concile de Lyon, sous Grégoire X, et de celui de Florence, sous Eugène IV, où les deux Eglises (*la grecque et la latine*) réunies décident comme de foi, *que les âmes de ceux qui meurent ou dans le péché mortel actuel, ou dans le seul originel, descendent incontinent dans l'enfer, pour y être toutefois punies par des peines inégales;* d'où le cardinal Bellarmin, et après lui, tout nouvellement, le P. Pétau, concluent la damnation éternelle des unes et des autres, sans qu'il soit permis d'en douter. Les voilà donc dans l'enfer, dans la peine, dans la punition, dans la damnation, *dans les tourments perpétuels,* selon saint Grégoire (1) ; *dans la gêne,* selon saint Avite, cité par ce même théologien ; *dans la mort éternelle,* dit le pape Jean, cité dans le Droit, et ensuite par Bellarmin,

(1) Is quem salutis unda non diluit, originalis culpæ supplicia non amittit. (*S. Greg,,Moral.,* Lib. IV, *Præfatio.*) — Quos a culpa originis sacramenta non liberant, et hic ex proprio nihil egerunt, et illuc ad tormenta perveniunt..... Perpetua quippe tormenta percipiunt, et qui nihil ex propria voluntate peccaverunt (*Id.,* Lib. IX, nº 32, *Ed. Ben.*)

qui conclut de ces passages et de beaucoup d'autres, que cette doctrine est *de la foi catholique*, et la contraire *hérétique*, condamnant la fausse pitié de ceux qui, *pour témoigner à des enfants morts une affection qui ne leur profite en rien, s'opposent aux Ecritures, aux Conciles et aux Pères.* Faut-il faire tant l'habile, quand on ignore les dogmes de la foi, expressément définis et en mêmes termes, par deux Conciles si authentiques : savoir, dans la confession de l'Eglise grecque, approuvée par le Concile de Lyon, et dans le décret d'union du Concile de Florence, prononcé du commun consentement des Grecs et des Latins, et avec l'approbation de toute l'Eglise ? » (1).

Ainsi disait Bossuet, réfutant les théories naturalistes de Richard Simon. Faut-il faire tant l'habile, s'écriait-il, quand on ignore..... Le naturalisme, aujourd'hui, a une autre manière de faire l'habile. Exemple : l'auteur qui nous disait que les enfants morts sans baptême ne sont ni punis, ni malheureux, avait sous les yeux le texte des deux Conciles qui condamne si nettement ses théories malheureuses : ce texte, il le cite, mais voyez son habileté, il remplace par des points..... les mots *ou dans le seul originel.*

Et voilà comment des Chrétiens livrent au naturalisme la foi chrétienne, s'imaginant sans doute qu'avec *des points* ils font *les habiles.*

(1) *Défense de la Tradition et des saints Pères*, livre V, chapitre II.

CHAPITRE X.

Le péché originel d'après les prières du baptême.

Après avoir exposé la doctrine catholique sur le péché originel, il nous reste à énoncer cette conclusion pratique : Il faut faire baptiser les petits enfants.

Il le faut, sous peine de damnation inévitable et éternelle pour les enfants : il le faut, sous peine de péché très grave pour les parents.

Il le faut pour tirer les enfants d'un état on ne peut plus malheureux, et les mettre heureusement dans le chemin de la vie éternelle.

Ecoutons ce qu'en pense la sainte Eglise de Dieu, et allons rechercher sa pensée dans les solennelles prières de l'administration même du saint baptême.

Le prêtre, posant sa main sur la tête de l'enfant, fait cette prière :

« Dieu tout-puissant, éternel, Père de Notre-Seigneur JÉSUS-CHRIST, daigne jeter les yeux sur ce tien serviteur que tu as daigné appeler aux commencements de la foi : chasse de lui tout aveuglement du cœur : romps tous les liens de Satan, dont il avait été enchaîné : ouvre-lui la porte de ta miséricorde, afin qu'imbu du signe de ta sagesse, il soit délivré des puanteurs de toutes les cupidités, et qu'à la suave odeur de tes commandements, il te serve joyeux dans ton Eglise, et qu'il profite de jour en jour : Par le même JÉSUS-CHRIST Notre-Seigneur. *Amen.* »

Qui pourrait dire quel malheur ce serait pour un enfant de garder *cet aveuglement du cœur, ces puanteurs des cupidités*, de demeurer *dans ces liens de Satan*, qui infailliblement le tireraient avec Satan lui-même dans l'enfer, et pour une éternité !

Qui pourrait dire aussi combien plus heureux est l'état de l'enfant baptisé. Ecoutons encore la voix de l'Eglise :

« Dieu de nos pères, nous te prions et te supplions que tu ne laisses pas plus longtemps ce tien serviteur affamé et privé de la nourriture céleste (*l'Eucharistie*), afin qu'il soit toujours fervent en l'esprit, joyeux en l'espérance, et toujours servant à la gloire. Conduis-le, Seigneur, nous t'en prions, au bain de la régénération nouvelle, afin qu'avec tes fidèles il mérite obtenir les récompenses éternelles que tu as promises. Par JÉSUS-CHRIST Notre-Seigneur. *Amen.* »

L'Eglise nous révèle encore mieux sa pensée, — et sa pensée est celle de Dieu, — dans les prières du baptême des adultes.

Le prêtre couvre de signes de croix le futur chrétien. Il dit : « Je te signe le front, afin que tu reçoives la croix du Seigneur ; je te signe les oreilles, afin que tu entendes les divins commandements ; je te signe les yeux, afin que tu voies la lumière de Dieu ; je te signe les narines, afin que tu perçoives la suave odeur de JÉSUS-CHRIST ; je te signe la bouche, afin que tu parles les paroles de vie ; je te signe le cœur, afin que tu croies en Dieu ; je te signe les épaules, afin que tu reçoives le joug de son service. »

Les paroles de l'exorcisme ne sont pas moins instructives. Le prêtre dit : « Ecoute, Satan, écoute, maudit ;

adjuré au nom de Dieu éternel, et de Jésus-Christ son Fils, notre Sauveur, vaincu ainsi que ta jalousie, tremblant, gémisssant, va-t-en : qu'il n'y ait plus rien de commun entre toi et ce serviteur de Dieu N. qui maintenant pense aux choses célestes, qui va renoncer à toi et à ton monde, qui va vivre pour l'immortalité bienheureuse. Donc, rends honneur au Saint-Esprit qui va venir, qui descendant du haut des cieux, renversant les artifices, va purifier ce cœur dans les fonts sacrés, et le rendre une demeure, un temple saint, digne de Dieu, afin que délivré entièrement de toutes ses fautes passées, ce serviteur de Dieu en remercie Dieu toujours, et bénisse son saint nom dans les siècles des siècles. *Amen.*

« Et tu n'ignores pas, Satan, les peines, les tourments qui te sont réservés, tu sais que le jour du jugement t'attend, jour de l'éternel supplice, jour qui viendra pareil à une fournaise brûlante, jour dans lequel pour toi et pour tes anges est préparée la mort éternelle. Donc, damné que tu es, et damné que tu seras, rends honneur au Dieu vivant et véritable, rends honneur à Jésus-Christ son Fils, rends honneur au Saint-Esprit consolateur, au nom et en la vertu duquel je te commande, esprit immonde quel que tu sois, de t'en aller de ce serviteur de Dieu N. que Dieu et Notre-Seigneur Jésus-Christ a daigné gratuitement appeler aujourd'hui à sa grâce, à sa bénédiction, et aux fonts du baptême, afin que par l'eau de la régénération versée pour la rémission des péchés, il devienne son temple, au nom du même Jésus-Christ Notre-Seigneur, qui viendra juger les vivants et les morts, et le monde par le feu. *Amen.*

Donc, pères et mères chrétiens, dès le jour où vous saurez que Dieu, bénissant votre mariage, vous aura donné un enfant, ne manquez pas de prier, de prier tous les jours, de demander la grâce du baptême, pour cette petite créature, déjà vivante, et vivante sous la captivité de ce maudit Satan. Souhaitez, mais vivement, mais humblement, mais instamment qu'elle sorte du monde de Satan, de la région des ténèbres, pour entrer dans le royaume de Dieu, région de lumière et de paix, d'espérance et d'immortalité.

Et quand votre enfant aura reçu le saint baptême, et sera devenu l'enfant de Dieu, veillez sur sa robe blanche, gardez-là sans tache pour le bonheur temporel et éternel de votre enfant, pour sa joie et votre joie, pour la gloire de Notre-Seigneur Jésus-Christ : béni soit-il, et béni soit son saint nom, dans le temps et dans l'éternité. *Amen.*

CHAPITRE XI.

Réponse à un anonyme.

Un lecteur du *Bulletin*, qui a voulu garder l'anonyme, nous a adressé un long écrit, à l'encontre d'un de nos articles sur le péché originel. Nous prendrons dans cet écrit les passages principaux, et nous les mettrons en face d'autorités pour lesquelles notre correspondant professe certainement le même respect que nous.

Donc, il dit :

Vous soutenez une proposition sur laquelle il y a divergence parmi les auteurs catholiques, et vous voulez en faire un dogme de foi.

Nous avons dit : les enfants morts sans baptême sont damnés, et nous avons cité en preuve les Conciles de Lyon et de Florence : nous avons cité Bossuet et Bellarmin disant que cette doctrine est de foi catholique et la contraire hérétique. Notre catéchisme nous dit la même chose : « Les effets du péché originel par rapport à l'âme, sont : la perte de la grâce, l'ignorance, la concupiscence ou le penchant au mal, et la mort éternelle. » (Page 82). La mort éternelle, ou la damnation, ou l'enfer, c'est tout un.

S'il y a divergence parmi les auteurs catholiques, ce n'est pas sur ce point, mais sur l'étendue des peines, et notamment sur la peine du feu. Nous n'avons pas voulu toucher à cette question, précisément parce que nous voulons nous en tenir à la foi, et ne pas entrer sur le terrain des opinions.

Le péché originel est donc puni dans ces enfants, par cela seul que ces enfants ne sont pas admis dans le ciel.

Non, pas *par cela seul qu'ils ne sont pas admis dans le ciel*, mais en plus parce qu'ils *descendent en enfer*, où ils ont à souffrir *des peines* : c'est le texte même des Conciles de Lyon et de Florence.

..... *Mais cela peut se faire sans que ces enfants soient eux-mêmes ou punis ou malheureux comme s'ils étaient coupables du péché qui est en eux.*

Notre correspondant affirme bien *que le péché est en eux*, mais il semble porté à ne pas les considérer comme réellement *coupables*. Cependant saint Paul nous dit : « Par la désobéissance d'un seul plusieurs ont été faits pécheurs. » (*Rom.*, v, 19). Et le Concile de Trente dit que le péché d'Adam, transfusé en ses enfants, est un péché propre à chacun d'eux : *Transfusum omnibus, inest unicuique proprium*. (Sess. V. Canon III.)

Adam se détourna de Dieu, de là se forma dans son âme une aversion habituelle..... Mais dans ces enfants, le péché originel transmis, est-ce vraiment cette aversion habituelle, ce vice moral ?

Oui, précisément : le péché originel met l'âme de l'enfant d'Adam dans le même état que l'âme d'Adam lui-même ; c'est le même vice moral, la même aversion habituelle de Dieu ; c'est l'état du péché, c'est la mort de l'âme, comme dit le Concile de Trente. (Session V. Canon I.)

Le vice c'est la continuation de l'acte ; comment celui qui n'a pas posé l'acte peut-il en recevoir la continuation ?

Ceci tendrait à nier le péché originel lui-même ; mais comme notre correspondant ne veut nullement en venir là, nous lui ferons simplement remarquer qu'en voulant nier *les peines* infligées au péché originel, on arrive facilement à nier le péché lui-même.

Que le péché originel soit une laideur de l'âme, un manque d'une grâce que Dieu a le droit de réclamer, une flétrissure excluant d'un don purement gratuit, cela résulte clairement de la révélation.

Le péché originel est certainement cela, mais il n'est pas que cela, bien que notre correspondant ait peine à y voir plus que cela. Car il ajoute :

Mais que ce péché d'origine équivale à un péché actuel par lequel l'homme s'est détourné de Dieu son créateur, cela n'est pas évident et demande des preuves absolument satisfaisantes.

Les preuves ne sont pas difficiles à trouver. Car :

1° Saint Paul dit : « Le péché est entré dans le monde par un seul homme, en qui tous ont péché..... Par le péché d'un seul, tous les hommes sont tombés dans la condamnation. » (*Rom.*, v, 12, 18.)

2° Le Concile de Trente prononce l'anathème contre qui dira qu'Adam a transmis au genre humain la mort et les peines du corps, et non aussi le péché qui est la mort de l'âme. (Sess. V. Canon I.)

3° Le catéchisme nous dit que le péché originel a pour effet la mort éternelle.

Un péché qui est *la mort de l'âme*, qui nous fait tomber *dans la condamnation*, dans *la mort éternelle*, n'est-il pas bien l'équivalent d'un péché mortel par lequel l'homme se détourne de son Créateur ?

Nous craignons que notre correspondant ne voie pas les choses ainsi, et ait peine à admettre que le péché originel soit un péché dans toute la rigueur du terme. Le Concile de Trente l'enseigne cependant très clairement (Session V. Canon v.....) : *Veram et propriam rationem peccati habet.*

Notre correspondant appelle quelquefois *innocents* les enfants morts sans baptême :

L'enfant non baptisé et mort dans l'innocence... . Ces âmes d'innocents et pourtant souillées.... Des innocents privés du baptême.....

Ces expressions sont bien peu conformes à la foi, si elles ne lui sont pas totalement contraires. Les chrétiens n'appellent *innocents* que les enfants baptisés ; tous les autres, d'après saint Paul, sont *des pécheurs*.

Notre correspondant ne voyant pas l'état vrai des âmes de ces enfants leur reconnaît la faculté d'aimer Dieu :

Ils restent capables de le connaître et de l'aimer, non en fils, mais en créatures raisonnables..... Les hommes décédés avec le seul péché originel ne peuvent voir Dieu, mais ils l'aiment.

Oui, ils connaissent Dieu et ils savent qu'ils l'ont perdu, mais comment seraient-ils capables de l'aimer ? Ils ont perdu la charité, ils sont dans le péché et dans la mort : leur volonté est blessée par les concupiscences qui l'ont envahie et qui la dominent, comment pourraient-ils s'élever à l'acte d'amour envers le Créateur ? Ils sont dans la disgrâce de Dieu, comment pourraient-ils entrer en son amitié ? Ils ne le pourraient que par la grâce du Rédempteur.

Jésus-Christ *préfère qu'ils ne soient pas jetés dans les griffes du démon, et qu'ils jouissent d'un certain bonheur conforme à leur nature.*

Ceci tend à nier que l'enfant non baptisé soit dans la captivité de Satan. La foi chrétienne ne nous permet cependant pas d'en douter. Le Concile de Trente l'enseigne très clairement, et dit anathème à qui ne confessera pas qu'Adam par son péché et tombé dans la captivité de celui qui, depuis, eut l'empire de la mort, c'est-à-dire du diable. (Session V. Canon I.)

Tous les enfants non baptisés demeurent sous la captivité de Satan : il suffit pour s'en convaincre de relire les prières du baptême que nous avons citées. Et nul ne peut être délivré de cette captivité que par le baptême de Notre-Seigneur JÉSUS-CHRIST.

Donc, éternelle reconnaissance à Notre-Seigneur, par la grâce duquel nous avons été baptisés, par la grâce duquel nous avons été rachetés du péché, de la mort éternelle et de la tyrannie du démon.

TABLE DES MATIÈRES

www.ingramcontent.com/pod-product-compliance
Lightning Source LLC
LaVergne TN
LVHW091238150826
845673LV00003B/1195